Generis

PUBLISHING

ANALYSE DE LA PROCEDURE D'APPROVISIONEMENT POUR DES SOCIETES AUXILIARES AU TRANSPORT : CAS DE TRANSIMEX

Dalvin Tchoubet

CIP a Camerei Naţionale a Cărţii

Dalvin Tchoubet

ANALYSE DE LA PROCEDURE D'APPROVISIONEMENT POUR DES SOCIETES AUXILIARES AU TRANSPORT : CAS DE TRANSIMEX / Dalvin Tchoubet. – Chişinău : Generis Publishing, 2020 (Print on demand). – 56 p. : facs., fig., tab.

Rez.: lb. engl.

ISBN 978-9975-154-09-3.

334.7:656

T 31

Cover image: www.unsplash.com/photos/eqwFWHfQipg

Generis Publishing
Online orders: www.generis-publishing.com
Orders by email: info@generis-publishing.com

AVANT PROPOS

L'Ecole Supérieure de Commerce et de Management PIGIER (ESCM-PIGIER) de Douala (Cameroun) est l'une des nombreuses écoles supérieures de la Compagnie de Formation française PIGIER ayant pour fondateur Gervais PIGIER. Ouverte en 2012, avec pour directeur général et franchisé docteur Henri TAFOU, elle forme des techniciens en vue de l'obtention du diplôme de fin de cycle de licence dans diverses spécialités à savoir : Négociation, Banque et Finance, Transport, Logistique, Transit et Douane et Comptabilité.

Pendant cette formation de trois ans, l'apprenant doit en plus de valider les deux semestres de licence 3, effectuer un stage académique de trois mois en entreprise en vue de la rédaction d'un mémoire qui sera soutenu publiquement ; la note obtenue lors de la soutenance sera prise en compte pour l'obtention du diplôme de **licence**.

C'est dans ce cadre que nous avons effectué un stage académique à MTC Sarl du 15 Février 2015 au 15 Mai 2015 dans le secteur du Transport Maritime. Après quelques semaines d'imprégnation, nous avons été fascinés par la manière dont les opérations de Supply Chain Management des marchandises à TRANSIMEX s'effectuaient. Ce qui nous a poussés à centre notre étude sur : **L'ANALYSE DE LA PROCEDURE D'APPROVISIONNEMENT DANS DES SOCIETES AUXILIAIRES AU TRANSPORT : CAS DE TRANSIMEX.**

Ce travail loin d'être une œuvre parfaite constitue simplement les premiers pas d'une formation. Ainsi, nous en appelons à l'indulgence des lecteurs ; puissiez y voir un travail d'apprentissage et non de professionnel accompli. A cet effet, nous considèrerons toutes vos remarques, vos critiques comme étant des signes d'encouragements en vue d'une meilleure amélioration future

ABSTRACT

nowadays logistics has undergone a tremendous good in the area of the development of national and international infrastructure that is why in this vast field of logistics we are interested in the management of its commonly called supply chain management is a chain expertise make an application aimed implementation or operational management or compliance in the field of the sequence of tasks (shown by the term "chain"), and the effective operation of "logistics system", as set by the "specifications logistics expenses" of the organization concerned.

In our training we were able to present the company in its operations, functions, and workflow. Regarding our topic "Analysis of the procurement process of the subsidiary companies in the transportation Case Transimex" we discovered malfunctions in the replenishment system

It is to overcome these problems we have with a literary analysis and an analysis tool (the fault tree) we could highlight the causes in order to combat them through suggestions that can save the enterprise of this kind of problem.

In our study, we realized that the malfunction of the replenishment process encroaches on the company's business. Given the damage that can cause out of stock, we are implementing ways to optimize the supply performance

INTRODUCTION

Le développement des entreprises industrielles et commerciales matérialisé par une prolifération des entreprises auxiliaires de transports entrainent une rude concurrence entre les operateurs économiques.

La volonté d'optimiser dans tous les domaines composant la société devient alors une nécessite d'une part et la réduction des couts tout en préservant la qualité dans la procédure d approvisionnement d'une autre part

Aujourd'hui la logistique d approvisionnement est appliquée dans la quasi-totalité des sociétés commerciales au Cameroun et plus particulièrement dans les sociétés auxiliaires du transport maritime. Chez transimex par exemple la procédure d'approvisionnement obéi a un canevas spécifique d'où la nécessite d'une analyse de la procédure d'approvisionnement.

De ce qui précède sur et au regard de l importance sur **« l'analyse de la procédure d approvisionnement des sociétés auxiliaires au transport : cas de transimex»** , il se pose une sampiterienne question de l'amélioration de la procédure d approvisionnement des sociétés auxiliaires dans le transport maritime et plus particulièrement transimex

Sur ce thème nous développerons notre réflexion afin de déceler les problèmes qui empêchent le ravitaillement à travers deux outils d'analyse «l'arbre des causes » et « le diagramme d'Ishikawa »

Pour cela notre démarche méthodologique nous amènera diviser notre travail en deux parties la première porte sur la présentation générale de l'entreprise associée au déroulement du stage. Quant a la deuxième elle porte sur la description, l'analyse et quelques proposition afin d'améliorer la procédure d'approvisionnement a TRANSIMEX

Première partie

Présentation générale de TRANSIMEX

Dans cette partie, il sera question de faire ressortir l'historique et l'évolution de TRANSIMEX au fil des années

CHAPITRE I

PRESENTATION GLOBALE DE TRANSIMEX

Nous ne saurons débuter cette étude sans toutefois présenter le milieu interne de l'entreprise afin que toute personne puisse s'imprégner de la structure dans laquelle nous avons effectué notre stage, ceci dit nous présenterons dans ce chapitre non seulement sa création et son évolution, mais également la façon dont elle est organisée ainsi que son fonctionnement.

Section I

Présentation organique de transimex

TRANSIMEX S.A est une entreprise effectuant de logistique crée en 1988avec pour objectif principale la réalisation des prestations logistiques uniqucs et complètes pour des clients nationales et internationales. Dans cette section, nous présenterons cette entreprise d'une part et d'autre part, d'exposer le déroulement de notre stage au sein du service acconage et entreposage.

Paragraphe I – HISTORIQUE ET EVOLUTION

A – Historique

L'entreprise TRANSIMEX S.A a été créée le 13 Juillet 1988 sous la dénomination d'ETABLISSEMENT NGAM à Douala. Le 1er Janvier 1999, l'entreprise à une nouvelle dénomination : TRANSIMAX CAMEROUN, petite et moyenne entreprise à statut juridique la SARL (Société à responsabilité limitée) et soumis à un régime fiscal avec un capital de 100 000 000 F CFA ainsi, ses activités seront : le transport multimodal, national et international (zone CEMAC des marchandises), transit import-

11

export et distribution des pneumatiques poids lourd de marque Taurus du groupe Michelin dont il a détenu l'exclusivité.

B – Evolution

En 2000, TRANSIMEX CAMEROUN situé à Douala, face bureau SIC Bonamoussadi augmente ses champs et c'est ainsi qu'à vu le jour :
- Une agence à Bafoussam ;
- Une agence à Ngaoundéré ;
- Une agence à Yaoundé ;
- Quatre filiales ; Tchad, République Centrafricaine (RCA), Congo Brazzaville et Guinée Equatoriale ;
- Une succursales TCE (Tchad Cargo Express) ;
- Des succursales en Chine, France, en Suisse et en Afrique du sud.

En Juillet 2014, cette société change de statut juridique et opte pour une S.A (Société Anonyme) pour un capital de 1 000 000 000 F CFA.

Par ailleurs, la construction d'une base moderne dans la zone portuaire avec comme nouvelle activité, la logistique, allant du transport des marchandises (transport classique rail/route, transport combiné mer/route), avec l'entreposage, l'acconnage (par la manutention et la conservation via la consignation), l'entreposage, la manutention jusqu'à la livraison du client finale. Le principe douane donne une approche des métiers de la logistique. Cependant, aucune autre structure ne saurait fonctionner sans certains moyens, TRANSIMEX ne faisant pas l'exception s'est conformée à cette règle.

Paragraphe II- ENVIRONNEMENT DE TRANSIMEX

L'organigramme de TRANSIMEX met l'accent sur le développement de la qualité de service à offrir. Il tien compte d souci réel d'avoir une structure opérationnelle répondant auxbesoins des clients.

A-Environnement interne

Dans l(optique de maximiser son profit et d'offrir une qualité de prestation supérieur, TRANSIMEX Cameroun s'est fixé d'une part, « créer honorablement la valeur économique pour tous les acteurs du Cameroun, de l'Afrique et du monde, ensuite contribuer à rapprocher les peuples et les cultures », d'autre part, une mission de :

- Offrir un potentiel de solutions logistiques intégratives innovatrices, dynamiques et personnalisées
- Développer une expertise logistique locale mettant accent sur le facteur clé du succès parmi lesquels le temps ;
- Favoriser les échanges tant à l'extérieur qu'à l'intérieur du Cameroun. En outre il est constitué de :

a) Ressources matérielles

Afin d'augmenter sa productivité au sein du marché, TRANSIMEX utilise un matériel de pointe constitué de :

- 80 postes de travail et des bâtiments liés au réseau internet et dont toutes les informations sont transmises grâce à al messagerie Outlook. C'est le moyen de communication le plus utilisé en cas de besoin et la transmission des images et factures scannées ;
- Des ondulateurs liées aux ordinateurs qui font des réserves d'énergie électrique ;
+
- Des imprimantes laser ;
- Des électro copieurs canon multifonctions copies, télécopies, impression scanné et logiciel d'administration permettant le contrôle des fonctions telles que la vérification de la machine et l'exécution des tâches à partir du navigateur web de l'ordinateur ;
- 60 camions ;
- 05 chariots élévateurs ;
- 02 challengers et ses nombreux agréments

b) Les ressources humaines

Depuis sa création, le personnel de TRANSIMEX ne cesse d'accroître le tableau suivant présente les effectifs actuels de cette entreprise selon leur catégorie socioprofessionnelle

Catégories professionnelles	Effectifs	Pourcentage
Cadres de direction	16	05%
Cadres moyen	30	09%
Agents de maîtrise	60	17%
Exécutants	234	69%
Total	340	100%

Source : par nos soins

Graphique 1 : effectifs du personnel

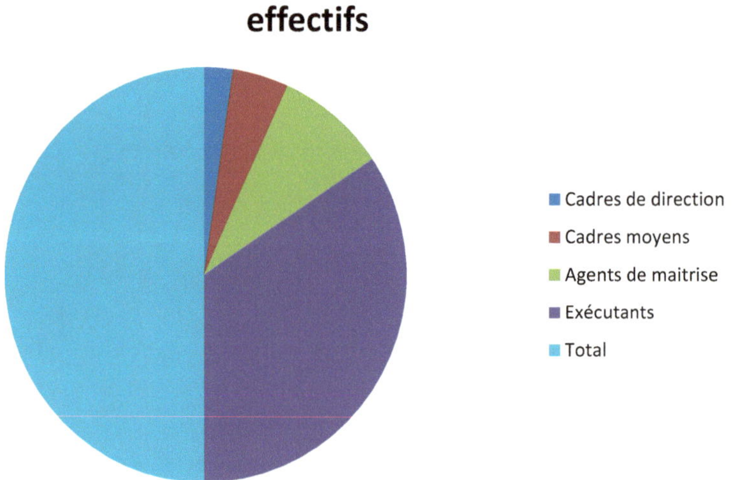

c) Les ressources financières

TRANSIMEX est une société de droit Camerounais instruit dans le régime statistique sous le numéro de matricule 00003276B, régulièrement inscrit au registre de commerce de Douala sous le numéro N°020793. Elle possède également un numéro contribuable MO79800008395L à Amity banque aujourd'hui, Atlantique banque et BICEC Cameroun par ailleurs, TRANSIMEX possède des comptes à al SGBC, ECOBANK.

Dans l'optique de maximiser son profit et d'offrir une qualité de prestation supérieure, TRANSIMEX Cameroun s'est fixé d'une part, créer honorablement la valeur économique pour tous les acteurs du Cameroun, de l'Afrique et du monde, ensuite contribuer à rapprocher les peuples et les cultures, d'autre part d'une mission de : Offrir un potentiel de solution logistiques intégratives innovatrices, dynamiques et personnalisées ;

B– Environnement externe

Il est essentiellement constitué des partenaires, des fournisseurs, des clients et des concurrents ainsi on distingue comme :

A) Partenaires

Nous avons entre autres :
- Les institutions financières (BICEC, CBE, ECOBANK)
- Les entreprises d'assurances (ASCOMA, GRAS, SAVOYE, CHANAS, ASSURANCES)
- Autres TGD consolidations, HESNAULT
- Fournisseurs en compte des pièces mécaniques et électriques : AUTO PLUS, TRACTAFRIC, SOCADA, EMEI DIESEL, CELECAM AUTO ;
- IATA : Cargo agent ;
- TCE : Tchad Cargo Express ;
- WCNA : Worldwide Cargo Network Association ;
- WCA: Family of Logistic Networks.

B) Clients

Les principaux industriels Camerounais:
- ADER
- SOSUCAM
- CHOCOCAM
- MAERSK
- NESTLE
- FME GAZ
- TERMCOTANK Suisse

Les principaux importateurs Tchadiens :
- AL WIHDA,
- SOPCOTOD
- CHEMA
- des particuliers

C) Concurrents

Ce sont les autres transitaires tels que :
- SVD-SAGA
- PANALPINA
- GEODIS
- WILSON
- MAERSK
- SOCOMAR
- GETMA

Etc……..

SECTION II

Structure fonctionnelle de transimex

Paragraphe l-Fonctionnement

TRANSIMEX S.A Cameroun a une hiérarchique et un organigramme qui met l'accent sur le rôle et la spécification des organes de décision et de gestion. TRANSIMEX S.A est géré par les organes suivants :

➤ Direction générale : Elle est placée sous la supervision du Président Directeur Général. Il s'occupe de la conception et de la visualisation stratégique de l'entreprise, définit la politique générale de l'entreprise et procède aux nominations des agents aux différents postes de responsabilité. Ses attributions sont définies par les textes règlementaires de TRANSIMEX et il préside le comité de direction.

➤ Comité de direction : il est présidé par le Directeur général, c'est l'organe suprême de la société qui se réunit trimestriellement. il est constitué de huit (08) membres qui sont :
- Le Président Directeur Général (PDG)
- Le Directeur Général Adjoint (DGA)
- Le Directeur Administratif et Financier (DAF)
- Le Directeur D'Exploitation (DEX)
- Le Directeur des Ventes (DV)
- Le Chef d'Agence TRANSIMEX Ngaoundéré
- Le Chef d'Agence TRANSIMEX RCA
- Le Chef d'Agence TRANSIMEX Tchad

Ce comité approuve le règlement intérieur, fixe le statut du personnel et détermine le cadre des lois et règlements, les règles de recrutement et d'embauche, d'embauche, d'avancement et de licenciement. Il approuve également le programme de travail et de rapport d'activité.

Il a pour objectif de déterminer les stratégies et tactiques à mettre en place pour la résolution des problèmes de fonctionnement courant et des perspectives de croissance globale de l'entreprise.

➢ Le Directeur Général Adjoint : il coordonne les activités de la direction générale et reçoit une délégation de signature en l'absence du Président Directeur Général.

➢ La Direction Administrative et Financière : placée sous l'autorité d'un responsable, cette direction assure la gestion financière de l'entreprise. Elle est chargée :
- Du contrôle des pièces justificatives ;
- Du contrôle interne et de la certification de la balance générale ainsi que du bilan et des annexes ;
- Du calcul de la paie des salaires ;
- De la facturation ;
- Du recouvrement et de l'encaissement.

➢ La Direction du Personnel et Affaires Juridiques : elle s'occupe de la gestion de la main d'œuvre en personnel, des contentieux avec l'extérieur, des assurances et des notes. Elle est divisée en trois(03) sections qui sont :
- La section des ressources humaines : elle réceptionne les demandes d'emploi, de stage de vacances académiques et professionnelles, fait des propositions pour le personnel à recruter et gère les dossiers de la CNPS
- La section des affaires juridiques : Elle s'occupe entre autres des contentieux avec l'Etat, les personnes physiques ou morales, de l'assurance maladie, des véhicules et des camions.
- La section des affaires générales : elle est chargée de la rédaction de différentes notes (de services, d'information, de promotion ou de mutation).

➢ La Direction Technique : elle est placée sous la responsabilité d'un chef de service et a pour mission :
- L'approvisionnement d'ensemble des structures en fourniture et matériels de bureau ;
- L'approvisionnement du parc automobile en pièces détachées et en carburant ;
- La sélection des fournisseurs pour les diverses fournitures à acheter et les prestataires de services ;
- La bonne comptabilité matière ;
- Les statistiques sur les charges et approvisionnement.
- Elle comprend également une section magasinage placée sous la responsabilité du service financier et comptable. Cette section a pour rôle :
- La bonne gestion physique des stocks ;
- Les inventaires ;

- Les livraisons
➢ La Direction de la Communication : Elle est chargée de la publicité de l'entreprise, de la préparation des spots publicitaires de la conception des panneaux publicitaire, des graphismes sur les véhicules de l'entreprise, de l'établissement des gadgets publicitaires portant le nom et le logo de l'entreprise (agendas, stylos, polos, casquettes, porte-clés, calendriers etc…...)

➢ La Direction des ventes : Cette direction a pour principale mission, la vente des services de TRANSIMEX et par conséquent elle est chargée de :
- Concevoir et proposer à la direction générale un programme de prospection de nouveaux clients ;
- De mener des actions de marketing sur le plan national conformément au programme approuvé ;
- D'apprécier les performances commerciales des vendeurs ;
- Du suivi et de la réalisation des objectifs commerciaux par le biais des réunions ;
- Des relations avec les clients ;
- De l'identification des besoins des clients ;
- Des prospections ;
- De la gestion des prospectus.
➢ La Direction d'Exploitation : Elle a pour mission l'acconnage, l'entreposage, le transit et le transport des marchandises publiques. A cet effet, elle comprend trois(03) sections qui sont :
- Le transit : dirigé par un chef transit, celui-ci a la responsabilité de recevoir de la vente, l'ordre de transit, document qui prouve que le client a donné son accord pour les opérations de dédouanement des marchandises ; ces services transfert le dossier à l'acconnage ;
- L'acconnage : il est chargé de sortir les marchandises du bateau, de l'entreposage dans un magasin ou les aires de stockage communément au port aux noms de terre pleine, pignon, sous-vent puis de transférer les dossiers des marchandises pour le transport ;
- Le service transport : il a la charge de transporter les marchandises dans la ville ou dans le pays de destination convenu dans le contrat avec la direction des ventes ;
- La maintenance : Elle est chargée de veiller au bon fonctionnement des chariots élévateurs ainsi que les véhicules qui transportent les marchandises des clients ;
- Les agences de Yaoundé, Ngaoundéré, Bafoussam et les filiales Tchad et RCA : elles sont chargées de toutes les activités qui leurs sont confiées par la direction générale. Placées sous la direction d'un chef d'agence avec rang de chef de service, elles comprennent :

-   Un secrétariat pour les travaux de secrétaire de l'agence ;
-   Une section comptable et financière ;
-   Une section des représentants commerciaux.

Le Chef d'Agence assure la gestion technique et administrative de l'agence ou il a été affecté. Assisté d'un adjoint, il est chargé de mener des actions commerciales dans sa localité telles que :

-        La planification des opérations de transport ;
-        La transmission régulière des rapports d'activité et les états financiers de son agence

Paragraphe II-organigramme de Transimex

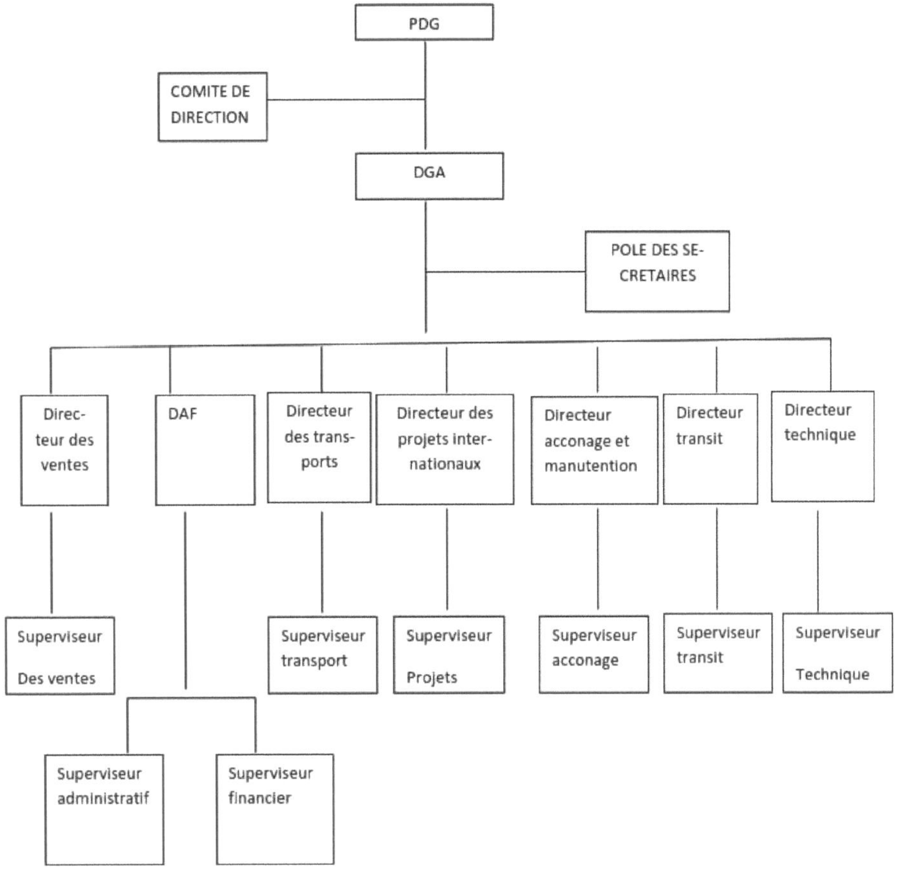

Source : archive de transimex

Chapitre II

LES SPECIFICITES DE L'APPROVIONNEMENT A TRANSIMEX

Dans ce chapitre .nous nous efforcerons à montrer les différents types matériaux ravitaille que nous avons pu constater à Transimex ; puis nous montrerons le cadre du stage a travers ses objectifs, les missions effectues

Section I

PRESENTATION DES TYPES MATERIAUX D'APPROVISIONNEMENT

PARAGRAPHEI-LES PIECES DETACHEES

Dans ce chapitre il est question de montrer les différents produits approvisionnés transimex par le service supply Chain management tout d abord nous avons :

A-pour les engins lourds :

	amortisseurs
	alternateurs
	Lame de ressort

| | freinage |
|  | |

B- les véhicules légers

Les pièces détachées rencontré ici servent à combler au ravitaillement des voitures des personnels ; a faciliter le flux du personnel

	Joint de culasse
	Démarreur de voiture
	Moteur électrique a 4 cylindres
	Injecteurs pompes

C- ferrailles :

Ces matériaux permettront 1 innovation et le fonctionnement des circuit électrique des engins

	Ferraille de cuivre
	Bobine de fer
	Fer a béton rond torsade
	Te en acier profil limane

L'innovation de Transimex

Ces ferrailles entrent dans l'innovation de Transimex car ils permettent d innove en technologique pour rendre certaine tache facile exemple

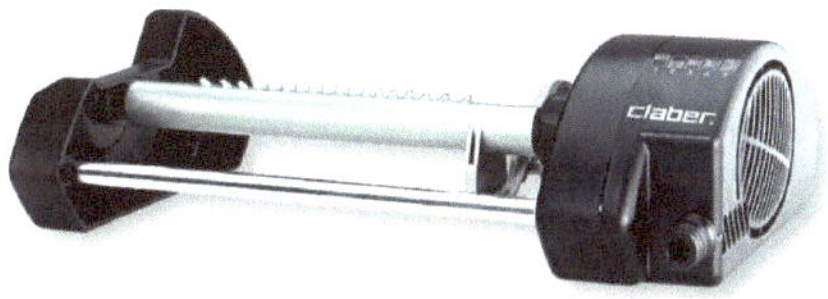	Transimex trading limited Ref. 8748 Compact - 12
	Le trémie de déchargement

D-pneumatique

Ici les pneus sont stockes pour permettre pour ravitailles les camions

	Pneu 638*366
	Pneu 690*490 Pour les 4*4

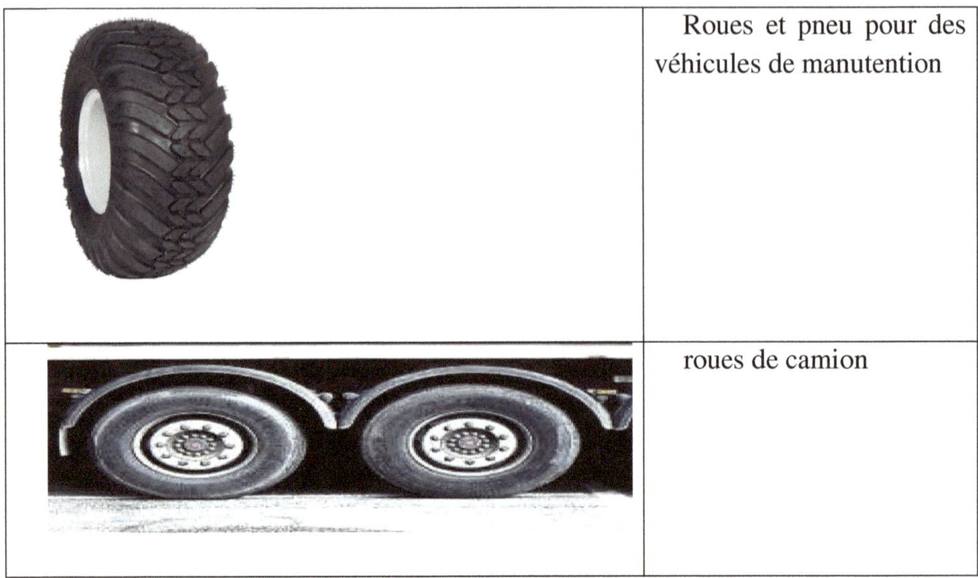

	Roues et pneu pour des véhicules de manutention
	roues de camion

PARAGRAPHEII –LES DIVERS MATERIAUX

Nous monterons les matériaux secondaires ; ces matériaux sont généralement approvisionnes pour toutes les filiales de NIG

A- le matériel bureautique

	Imprimante laser Samsung
	PAPIER IMPRIMANTE Ramette
	1000 trombone dans Fourniture de bureau 340 × 340

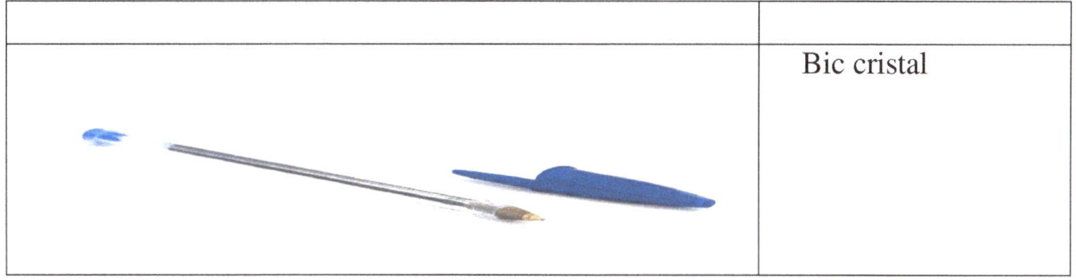	Bic cristal

B- le matériel informatique :

Il permet d accéder a l'information et d'informatiser les données

	Ordinateur portable
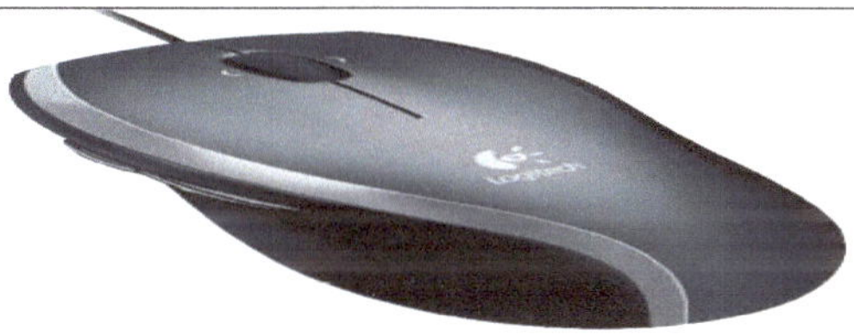	souris Logitech MX400.
	unité centrale
	Le clavier

C- lés matériaux de constructions

	Ciment Portland
	Pelle ronde
	Brouette à bac
	Fer de construction neuve

D-les matériaux immobiliers

BETA CONSTRUCTION est une des filiales du groupe NIG et transimex est charge d approvisionnes en :

	CHAISE DE BUREAU MANAGER Fauteuil de bureau Noir
	Canapé Club convertible cuir marron foncé 3 places…
	Bureau de transimex
	table de bureau

Section II

Cadre du stage

Paragraphe I-les taches effectuées :

Pour cette section qui est en relation avec la premiére nous pouvons noter de nombreuses Activité donc nous avons été assigner à faire :

- Acheminer les FEB
- Elaboration d'un bon de sortie (BS)
- Classement des bons de commandes
- Suivi des signatures par les différents chefs
- Visite au site beta construction
- Vérification des bons de commande

Paragraphe II-justification du choix du theme :

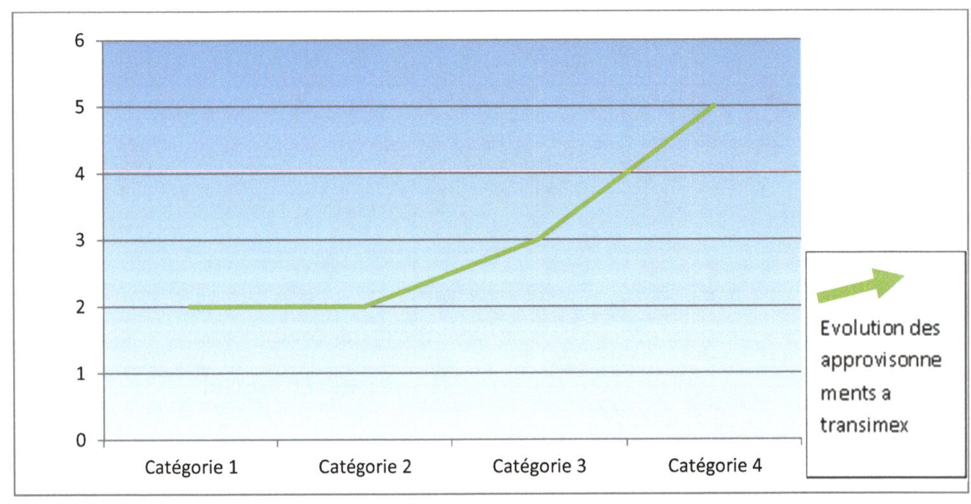

LEGENDE

Catégorie 1 :1998-2002

Catégorie2 :2002-2006

Catégorie 3:2006-2010

Catégorie4 :2010-2014

Commentaire :

Une chaîne d'approvisionnement est un système d'organisations, les personnes, les activités, les informations et les ressources impliquées dans le déplacement d'un produit ou service du fournisseur au client. Activités de la chaîne d'approvisionnement impliquent la transformation des ressources naturelles, des matières premières et des composants en un produit fini qui est livré au client final. Dans les systèmes de chaîne d'approvisionnement sophistiqués, les produits utilisés peuvent réintégrer la chaîne d'approvisionnement à tout point.

C'est pourquoi ala direction des opérations et plus précisement au service achat ,nous avons pu decéler des problémes dans le processus d'approvisionnement. C'est pour cette raison que nous avons pris pour theme « **l'analyse de la procédure d'approvisionnement dans un societe auxiliaires au transport cas detransimex** ».Dans cette optique nous nous aventurons sur ce theme pour demontrer ces anomalies et proposer les solutions d'amélioration en vue d'optimiser le ravitaillement sur les divers sites

ANALYSE DE LA PROCEDURE D'APPROVISIONNEMENT CAS DE TRANSIMEX ET PROCESSUS D'AMELIORATION

Dans cette partie nous voulons montrer les différentes étapes qui se passent lors de la procédure d'approvisionnement des divers produits (bureautiques, informatique…) et par la suite montrer des processus d'améliorations pour augmenter le flux physiques

Chapitre III- analyse de la procédure d'approvisionnement

Dans ce chapitre il sera question de montrer en décrivant la procédure de ravitaillement

Section I

Procédure d'approvisionnement a TRAN-SIMEX

> **FICHE DE DEMANDE D'INTERVENTION (F.D.I) :**

Le transporteur, le mécanicien ou le maintenancier fait une examinassions complète du véhicule et âpres avoir déceler l'anomalie il remet au chef garage. Sur cette fiche ou est inscrit l'anomalie ou la pièce à changer

> **FICHE D'EXPRESSION DES BESOINS :**

Communément appelé au sein de l'entreprise F.E.B C'est un document interne établit par le service demandeur et transmis au service Supply Chain Management pour l'informer des différents exigences en produits

> **Service supplychain management :**

Ce service est chargé de vérifier la disponibilité du produit

*si le produit est disponible au magasin alors nous le conditionnons et nous l expédions chez le demandeur qui peut être soit gamma ingénierie, société civile immobilière, beta construction ou même Transimex

*si le produit n'est indisponible pas au magasin

Alors nous passons à une identification du matériel à acheter qui consiste à vérifier :

> Les références : la taille du matériel, l'aspect, les contours
> La quantité : combien de pièces nous savons besoins
> Qualité : ici c'est généralement par rapport aux prix et la société
> Délai : c'est de savoir si la pièce est urgente donc dans un temps proche

> **L'appel d'offre :**

C'est une procédure par laquelle un acheteur potentiel demande à différents entreprises de faire une proposition commerciale et technique en réponse à la formulation détaillée suivant un cahier des charges de son besoin (produit ou service).lorsque cette procédure à été établie et que le besoin du client correspond à ses exigences nous pouvons passer à l'étape suivante

> **Négociation :**

Ici en fonction du cahier de charge et du budget de l'entreprise, généralement soit par le biais téléphonique ou soit de vive voix le fournisseur potentiel et l'acheteur se rencontre pour le changement de la facture proformat en diminuant le prix qui est sur la facture proformat et parfois le délai de livraison

> **Bon de commande :**

Pendant cette phase ; le bon de commande est établit par un agent du service comptabilité. Après la fabrication de ce bon de commande nous pouvons passer à une étape très importante qui est

> **Signature :**

Cette étape est très importante elle passe par les différents personnalités très importante au sein de l'entreprises nous avons :

- Chef service achat(CS ACHAT)
- Directeur des transports(DT
- Directeur administratif et financier(DAF)
- Directeur supply chain(DSC)
- Directeur commercial et système d'information(DCSI)
- Direceteur financier (DF)

S'ils ne signent par tous alors le bon de commande est rejette et on reprend la procedure mais si le bon de commande est signée de tous alors nous pasons a

> **Réception de la marchandise :**

Ce bon de commande des qu il est vise par de directeur general il est transmit au fournisseur , pour livraison dans les delais prevues.arriver sur le site alors nous passons a l'etape suivante

> **Stockage du produit :**

Durant cette étape, les agents Transimex réceptionnent le produit et sous la surveillance du magasinier, il est déposé aux magasins

> **Approvisionnement du produit :**

Ici pour que le produit est sorti par le biais d'un bon de sorti hors de site pour aller vers le demandeur s'il se trouve dans l'une des filiales NIG

Représentation SCHEMATIQUE DE L'ANALYSE DE LA PROCEDURE DE D'APPROVISIONNEMENT DES MATERIAUX a TRANSIMEX

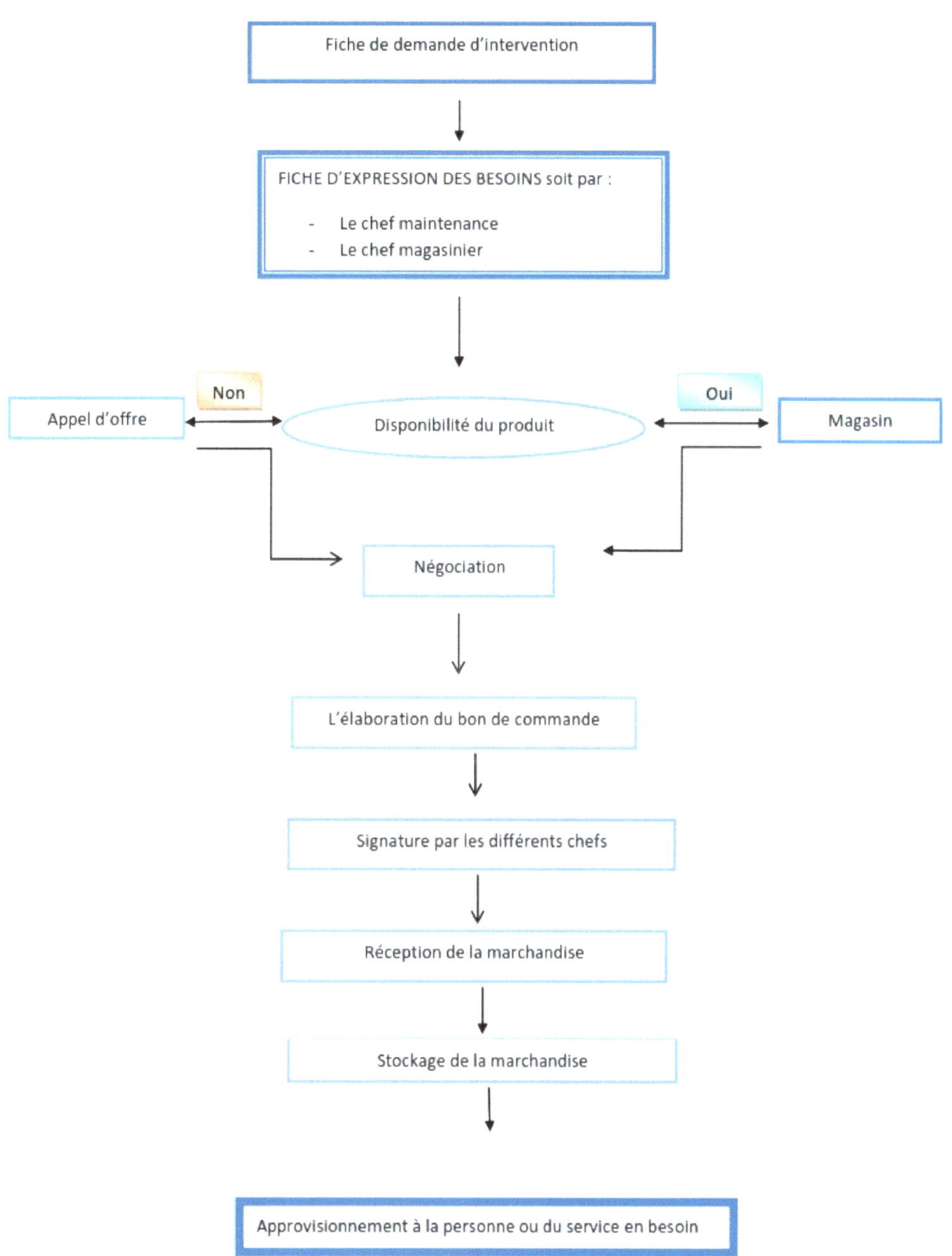

Section II

Analyse de la procédure d'approvisionnement dans des sociétés auxiliaires au transport cas de TRANSIMEX

Les opérations effectuées dans l'approvisionnement permettent une bonne gestion du stock. Ainsi donc la rupture de stock paralyserait les activités de l'entreprise.

Après avoir assisté aux différents processus de réapprovisionnements, nous pouvons dire sans risque de nous tromper que ce processus est parfois lent, ceci pour plusieurs raisons :

o   Le retard de livraison due agents de la livraison ou du fournisseur qui parfois est un frein dans la gestion des stocks,

o   Les problèmes de connections internet, téléphonique qui est un obstacle à l'établissement de la demande d'achat ou d'email,

o   Le manque de collaboration ou rétention d'information entre les différents agents de la chaine

Pour mieux ressortir ces failles nous allons procéder une analyse schématique par **l'arbre des causes**

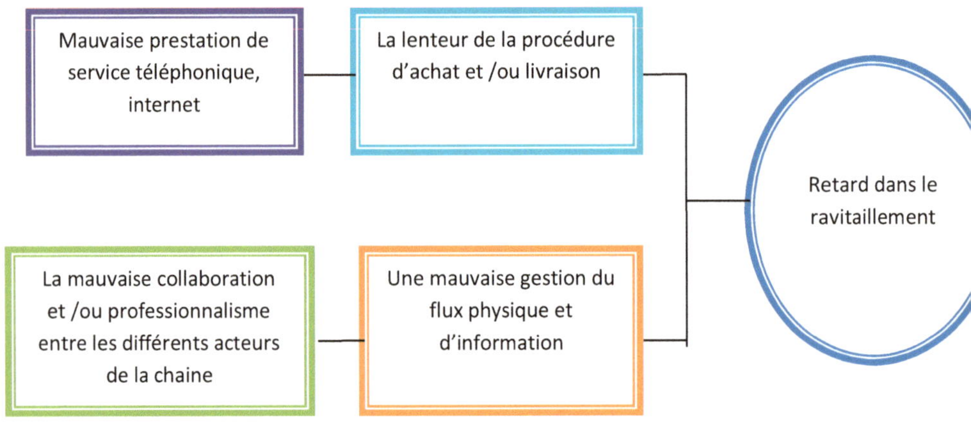

C'est pour une meilleure compréhension que nous avons ajouté à cette analyse littéraire un outil graphique appelé « diagramme d'ISHIKAWA » encore appelé « diagramme de cause à effet » du nom de son créateur KAORU ISHIKAWA. Ce diagramme est utilisé pour la résolution des problèmes de mangement et de qualité. Il se présente de la manière suivante

36

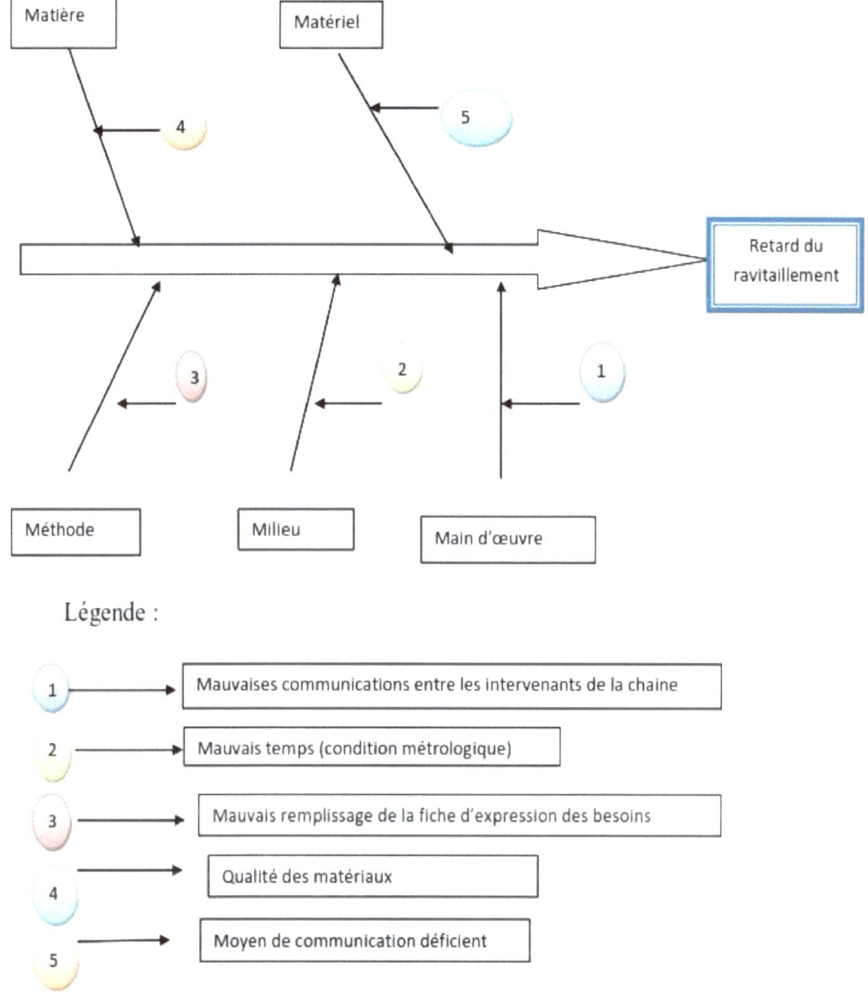

Commentaire :

L'observation de l'analyse faite à partir de « l'arbre des causes « et du » diagramme en arête de poisson » nous permet de constater les causes les plus fréquentes dans le retard du réapprovisionnement des sites .ceci se justifie par la lenteur de la procédure de ravitaillement.

Pour y remédier, le chapitre suivant nous donnera quelques pistes à suivre

CHAPITRE III

proposition d'amélioration et suggestion

Apres avoir décrite la procédure d approvisionnement et en soulevant les différents problèmes rencontrés. Nous nous proposerons de donner quelques suggestions en vue d'améliorer la procédure d d'approvisionnement

Section I

Proposition d'amélioration

Les difficultés rencontrées au service SCM sont en quelques sortes les fautes de l'entreprise, car elle ne prend pas en compte des résolutions fermes pour éradiquer les différents problèmes

Eviter les pertes de temps et les dépenses inutiles pour un réapprovisionnement sain

L'entreprise devrait imputer au service Supply Chain management la responsabilité de l émission du bon de commande et non au service comptabilité

➢ Résultat :
Elle évitera les erreurs dans l émission du bon de commande et dans les prix.

TRANSIMEX pourrait faire dans une nouvelle aire de la logistique : La logistique intégrée (collaboration en amont)

➢ Résultat :
L'entreprise évitera les dépenses et les horaires inutiles pour l'appel d'offre, la livraison, le stock et autres procédé qui intervient dans la chaine logistique.

L'entreprise pourrait fournir un matériel informatique à tous les agents du la chaine logistique

➢ Résultat :

La naissance d'une meilleure collaboration permettra d'augmenter la gestion du flux de marchandises et d'information et plus de sérieux dans l'exercice de leur fonction.

TRANSIMEX pourrait exalter le personnel à plus de sérieux dans l'exercice de leur fonction

➢ Résultat :

Un meilleur rendement dans l'exercice des fonctions et de la chaine de ravitaillement.

TRANSIMEX pourrait augmenter la taille de son magasin en volume, en taille et en divers produits

➢ Résultat : ce qui permettra un ravitaillement beaucoup plus rapide et une meilleure gestion du flux et du stockage des marchandises

TRANSIMEX pourrait émettre une mention spécifique sur les bons de commande extrêmement urgents

➢ Résultat : ce qui permettra un gain de temps et un meilleur flux de ravitaillement

La filiale pourrait multiplier les bons de commandes et les FCBC pour les remettre aux différents chefs au même moment

➢ Résultat : ce qui permettra un gain de temps dans la procédure d'approvisionnement et une meilleure gestion du flux d'information et du flux physique

A travers ces solutions proposent nous essayons d'améliorer les performances et le rendement de l'entreprise Transimex grâce au développement du flux physique et du flux d'information

Section II

Suggestion schématique sur la proposition d'amélioration de la procédure d'approvisionnement des sites

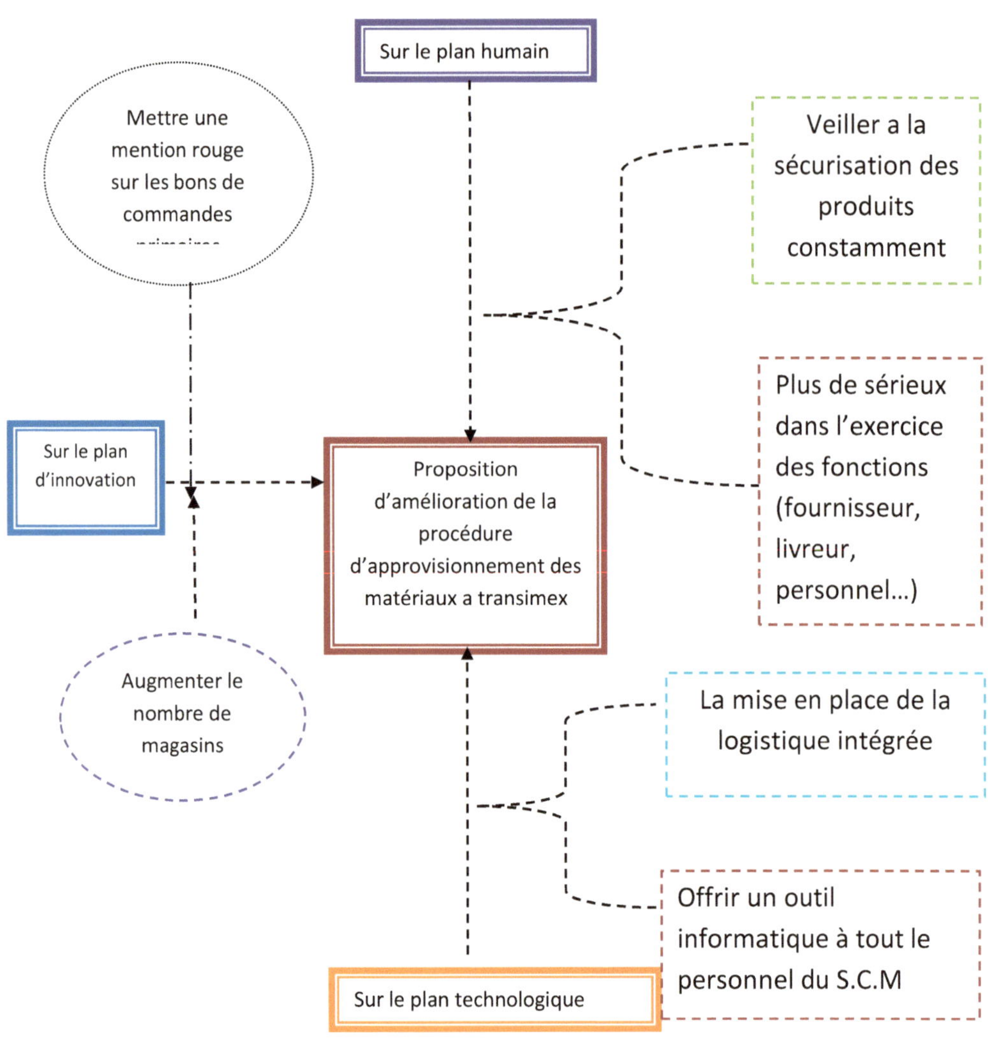

Par cette représentation schématique nous voulons intervenir dans la nouvelle ère de la filiale TRANSIMEX en proposant des solutions qui vont optimiser la procédure d'approvisionnement. Pour cela nous avons classé nos dysfonctionnements sur 3 plans majeurs :

❖   Sur le plan humain :

Une meilleure collaboration et Le professionnalisme de certains acteurs de la chaine d'approvisionnement sont des solutions incontournables dans l'amélioration du ravitaillement en matériaux

❖   Sur le plan technologique :
Nous préconisons tout d abord une mise en place
▪   d'une logistique intégrée c est a dire une communication beaucoup plus accentuée avec les fournisseurs pour qu' ils suivent la gestion du stock du client afin de prévoir un ravitaillement sans passer par les différentes procédures comme appel d offre ;….
▪   Un outil informatique a tous les membres du service pour qu'il puisse gère les informations et pouvoir contacter les différents fournisseurs

❖   Sur le plan innovatif :

Nous innovons par la présence des multitudes de magasins avec de différentes fonctions comme par exemple :
✓ Le magasin pour les pièces détache de véhicules légers
✓ Le magasin pour les pièces détachées des véhicules lourds
✓ Le magasin pour le matériel bureautique

Conclusion

Au terme de notre séjour au sein de TRANSIMEX ou nous avons effectué huit (04) semaines de stage, nous avons eu la possibilité de découvrir le monde professionnel, ses réalités et savoir que la vie en entreprise n'est pas toujours rose

S'il demeure que la théorie est la première clé de la connaissance, il en demeure pas moins que la théorie sans pratique est vide et la pratique sans théorie est aveugle. Donc pour un meilleure séjour en entreprise nous avons mis en exergue une théorie et une pratique sans conséquent sur le ravitaillement. C'est la raison pour laquelle nous avons eu comme thème « **L'ANALYSE DE LA PROCEDURE D'APPROVISIONNEMENT DANS DES SOCIETES AUXILIAIRES AU TRANSPORT : CAS DE TRANSIMEX** » Pendant soixante (60) jours nos travaux et nos idées gravitaient autour de ce thème.

Arrivé au bout de ce mois nous avons pu comprendre la procédure d'approvisionnement et par la suite nous avons aussi décelé des dysfonctionnements qui rendent ce processus destructible et très dangereux pour les besoins de l'entreprise.

C'est dans cette optique que la multiplication des magasins et par-dessus toute la mise en place d'une logistique intégrée sont l'une des solutions que nous préconisons pour une amélioration de la procédure d'approvisionnement

Liste des abréviations

FEB : fiche d'expression des besoins

FDI : fiche de demande d'intervention

SCM : Supply Chain Management

TRX : Transimex

APPROV : approvisionnement

L.I : logistique intégrée

BSM : bon de sortie magasin

BC : bon de commande

FCBC : fiche de contrôle des bons de commande

Références bibliographiques

Ouvrage :

➢ Note d'information de sureté
➢ Politique de santé et de sécurité
➢ Politique de sureté
➢ Rapport de stage de l étudiant NGAPOUT AMADOU de l'année 2013 en vue de l'obtention du BTS 2011
➢ Historique de transimex 2014
➢ Les types de navires

Site :

➢ www.google.com
➢ www.dictionnairelarousse.com
➢ www.logistiqueconseil.com
➢ www.transimex.com

Référence :

➢ RESSOURCE HUMAINE
➢ MAGASIN

GLOSSAIRE

UN approvisionnement: est une technique ou méthode permettant de livrer un bien, ou un service, à un tiers.

On peut considérer que l'approvisionnement est distingué en deux flux distincts : physique et administratif (informationnel).

Le flux administratif est nécessaire à l'envoi et à la réception de données ordres, commandes, facture... Le flux physique est l'art d'acheminer le bien vers le demandeur, par camions

Logistique intégrée: consiste en l'intégration de tous les aspects de la logistique à l'intérieur d'une même entité afin que le personnel puisse avoir une vue d'ensemble de l'impact qu'a la logistique sur l'entreprise

La gestion de la chaîne logistique ou Supply Chain management: est un **savoir-faire d'application** qui vise une mise en œuvre ou une gestion opérationnelle, soit le respect sur le terrain de l'**enchaînement** des tâches (illustré par le terme de « chaîne »), ainsi que le bon fonctionnement du **«système logistique»** , tel que fixé par le **«cahier des charges logistique»** de l'organisation concernée.

Procédure d'approvisionnement : l'ensemble des mécanismes qui concourent ravitaillement constant des produits ou des personnes dans le but d'éviter le besoin ou le manque

Le magasin: c'est un lieu de stockage des matériaux

Trémie de déchargement : un matériel d acconage pour le déchargement du calcaire

La procédure : La procédure est un descriptif organisationnel détaillé pour réaliser le processus. Si la procédure n'est pas respectée, les données de sorties du processus ne seront pas conformes aux exigences attendues.

Le processus quant à lui est un "**concept**". Il fait souvent l'objet d'un écrit, mais qui n'est en rien obligatoire. Il s'agit d'un enchaînement d'activités liées entre elles dont on attend un résultat. Pour ce faire, le processus utilise des ressources. Il doit être piloté, c'est à dire faire l'objet d'un suivi via des indicateurs par exemple. Le processus s'intéresse donc aux résultats à atteindre, aux moyens à utiliser pour les atteindre. Il est lié à une notion d'efficacité, à une **approche managériale et transversale**

Annexe1 : bon de commande signe

Annexe2 : copie du bon de commande signe

Annexe3 : exemple de bon de sortie magasin

Annexe4 : fiche de demande d interventions

Annexe5 : bon de commande

Annexe6 : protocole d'entretien

S.A au capital de 1 000 000 000 F CFA
RC N° / DLA / 1998 / B / 020793
Contrib. N° M079800008395L
B.P. : 3191 DOUALA - CAMEROUN
Tél. : (237) 33 00 18 28 /33 00 36 50
www.transimex-cm.com - E-mail : info@transimex-cm.com

Douala, le 21   Juillet   2014

OT/Contrat N°: FEB N°3440/13

CAMI TOYOTA

NIU: M097100000634G

Camion N°: LT 202 CA

R.C:

Demandeur DT, DIRECTION TECHNIQUE

BON DE COMMANDE N°215631

Article	Désignation	Quantité	P.U. HT	Total HT
PIECE_DET_0386	Pneu 185/65 R 15	2	68.850,00	137.700

MONTANT TOTAL HT	137.700
TVA/Taxes : 19,25%	26.507
NET A PAYER	164.207

Arrêté le présent Bon de Commande à la somme de (Montant en lettr

Cent soixante-quatre mille deux cent sept

Cond. de paiement :

- Facture à déposer en trois copies originales

90 jours FDM-Four

Commande créée piTACHE

DIRECTION GENERALE B.P.: 3191 Douala - Tél.: (237) 33 00 18 28 / 33 00 36 50 - **AIR SERVICE DOUALA** Tél.: (237) 33 43 93 66 - Fax: (237) 33 43 93 85
AGENCE DE YAOUNDE Tél.: (237) 22 30 37 00 - **AIR SERVICE YAOUNDE** Tél. :(237) 22 08 16 24 - **AGENCE DE NGAOUNDERE** Tél.: (237) 33 07 79 69
TRANSIMEX CENTRAFRIQUE SAU B.P.: 2334 Bangui - Tél.: (236) 21 61 56 46 - **TRANSIMEX CONGO** B.P.: 1795 Pointe Noire - Tél.: (00242) 222 940 882 - Fax: (00242) 222 940 881
TRANSIMEX TCHAD B.P.: 674 N'Djamena - Tél. : (235) 22 52 52 84 - **TCHAD CARGO EXPRESS** Tél. : (235) 66 43 62 83
TRANSIMEX CHINA Post Code : 200040 - N° 580 West Nan - Jing Road - Jin An District, Shanghai - Tél. : (0086) 2152126025 - Fax - Fax: 0086 2152126803
E-mail : info@transimex-cm.com   www.transimex-cm.com

TRANSIMEX
Integrated Logistics Provider

S.A au capital de 1 000 000 000 F CFA
RC N° / DLA / 1998 / B / 020793
Contrib. N° M079800008395L
B.P. : 3191 DOUALA - CAMEROUN
Tél. : (237) 33 00 18 28 /33 00 36 50
www.transimex-cm.com - E-mail : info@transimex-cm.com

Douala, le 21   Juillet   2014

OT Contrat N°: FEB N°3440.13

CAMI TOYOTA

Camion N°: LT 202 CA

NIU M097100000634G

R.C

Demandeur DT, DIRECTION TECHNIQUE

BON DE COMMANDE N°215631

Article	Designation	Quantité	P.U. HT	Total HT
PIECE_DET_0386	Pneu 185/65 R 15	2	68.850,00	137 700

MONTANT TOTAL HT	137.700
TVA Taxes : 19,25%	26 507
NET A PAYER	164 207

Arrêté le présent Bon de Commande à la somme de (Montant en lettr

Cent soixante-quatre mille deux cent sept

Cond. de paiement

- Facture à déposer en trois copies
originales

90 jours FDM-Four

Commande créée p/TAGHE

DIRECTION GENERALE B.P.: 3191 Douala - Tél.: (237) 33 00 18 28 / 33 00 36 50 - **AIR SERVICE DOUALA** Tél.: (237) 33 43 93 66 - Fax: (237) 33 43 93 85
AGENCE DE YAOUNDE Tél. : (237) 22 30 37 00 - **AIR SERVICE YAOUNDE** Tél. :(237) 22 08 16 24 - **AGENCE DE NGAOUNDERE** Tél.: (237) 33 07 79 69
TRANSIMEX CENTRAFRIQUE SAU B.P.: 2334 Banqui - Tél.: (236) 21 61 56 46 - **TRANSIMEX CONGO** B.P.: 1795 Pointe Noire - Tél.: (00242) 222 940 882 - Fax: (00242) 222 940 881
TRANSIMEX TCHAD B.P. : 674 N'Djamena - Tél. : (235) 22 52 52 84 - **TCHAD CARGO EXPRESS** Tél. : (235) 66 43 62 03
TRANSIMEX CHINA Post Code : 200040 - N° 580 West Nan - Jing Road - Jin An District, Shanghai - Tél. : (0086) 2152126025 - Fax - Fax: 0086 2152126803
E-mail : info@transimex-cm.com   www.transimex-cm.com

TRANSIMEX
Integrated Logistics Provider

BON DE SORTIE MAGASIN 15 / № 0001551

BON DE COMMANDE N° : ________________   CLIENT : DTR

N° VEHICULE : ________________   NOM CHAUFFEUR : MENDZEPO

DESTINATION : ________________   DATE : 26/12/2014

REFERENCE	Nombre de colis	DESIGNATION DES PRODUITS	OBSERVATION
	02	Réparation de ces pneus de marque	
		Rhinobing 385/65R22.5	
	.	ref: BN4606C5906 et un 13R22.5	Réparation
		de marque PRIME WELL	
		ref: 3JA9800698	

Transporteur Nom & CNI : MENDZEPO

Magasinier : 26/12/14

Direction

FICHE DE DEMANDE D'INTERVENTION

N° 0014065 /13

Date : 17/10/14

Heure : 11.27

Véhicules : PELLE EXCAVATRICE

N° parc :

Imma : 4 8e 383 AB

Kilométrage :

Véhicule déposé par :

Visa :

Défauts constatés / Opérations périodiques :

Retour travaux effectués

1. ELECTROVANNE défectueux — Oui ☐ / Non ☐
2. USURE des dents — Oui ☐ / Non ☐
3. — Oui ☐ / Non ☐
4. — Oui ☐ / Non ☐
5. Besoin — Oui ☐ / Non ☐
6. — Oui ☐ / Non ☐
7. - deux de paramétrage après — Oui ☐ / Non ☐
8. — Oui ☐ / Non ☐
9. montage d'électrovanne fournir par — Oui ☐ / Non ☐
10. — Oui ☐ / Non ☐
11. ma tier — Oui ☐ / Non ☐
12. — Oui ☐ / Non ☐
13. — Oui ☐ / Non ☐
14. — Oui ☐ / Non ☐
15. — Oui ☐ / Non ☐
16. — Oui ☐ / Non ☐
17. — Oui ☐ / Non ☐
18. — Oui ☐ / Non ☐
19. — Oui ☐ / Non ☐
20. — Oui ☐ / Non ☐

Visa chauffeur

Visa Service utilisateur

S.A au capital de 1 000 000 000 F CFA
RC N° DLA/1998/B/020793
Contrib. N° M079800008395L
B.P.: 3191 DOUALA-CAMEROUN
Tél.: (237) 33 00 18 28 / 33 00 36 50
www.transimex-cm.com - E-mail: info@transimex-cm.com

Douala, le 2   Octobre   2014

OT/Contrat N°: FEB N°0011970/13 -0010499/13

AFRICATRUCKS CM SA

NIU. M 031200040840 X

Camion N°: LTTR 156 AE

R.C:

Demandeur DT, DIRECTION TECHNIQUE

BON DE COMMANDE N°227630

Article	Désignation	Quantité	P.U. HT	Total HT
PIECE_DET_0060démarreur complet		1	390.000,00	390.000
PIECE_DET_092VALVE CENTRALE		1	108.750,00	108.750

MONTANT TOTAL HT	498.750
TVA/Taxes : 19,25%	96.009
NET A PAYER	594.759

Arrêté le présent Bon de Commande à la somme de (Montant en lettr

Cinq cent quatre-vingt-quatorze mille sept cent cinquante-neuf

Cond. de paiement :
- Facture à déposer en trois copies
originales

90 jours FDM-Four

Commande créée DITAGHE   ERIC

La Direction

TRANSIMEX CAMEROUN
B.P. 3191 DOUALA
Tél: 33.00.18.28 / 33.00.36.50
Fax: 33.03.24.65

VISA NIG HOLDING

DIRECTION GENERALE B.P.: 3191 Douala - Tél.: (237) 33 00 18 28 / 33 00 36 50 - AIR SERVICE DOUALA Tél.: (237) 33 43 93 66 - Fax: (237) 33 43 93 85
AGENCE DE YAOUNDE Tél.: (237) 22 30 37 00 - AIR SERVICE YAOUNDE Tél.: (237) 22 08 16 24 AGENCE DE NGAOUDERE Tél.: (237) 33 07 79 69
TRANSIMEX CENTRAFRIQUE SAU B.P.: 2334 Bangui - Tél.: (236) 21 61 56 46 - TRANSIMEX CONGO B.P.: 1795 Pointe Noire - Tél.: 00242 222 940 882 - Fax 00242 222 940 881
TRANSIMEX TCHAD B.P.: 674 N'djamena - Tél.: (235) 22 52 52 84 - TCHAD CARGO EXPRESS Tél.: (235) 66 43 62 83
TRANSIMEX CHINA Post Code : 200040 - N° 580 West Nan-Jing Road-Jin An District, Shanghai - Tél.: 0086 2152126025 - Fax : 0086 2152126803
E-mail : info@transimexcm-com   www.transimex-cm.com

S.A au capital de 1 000 000 000 F CFA
RC N° DLA/1998/B/020793
Contrib. N° M079800008395L
B.P.: 3191 DOUALA-CAMEROUN
Tél.: (237) 33 00 18 28 / 33 00 36 50
www.transimex-cm.com - E-mail: info@transimex-cm.com

Douala, le 2   Octobre   2014

AFRICATRUCKS CM SA

NIU: M 031200040840 X

R.C:

OT/Contrat N°: FES N°001050013

Camion N°: LTTR 312 AO

Demandeur: DT, DIRECTION TECHNIQUE

BON DE COMMANDE N°227831

Article	Désignation	Quantité	P.U. HT	Total HT
PIECE_DET_019	plateau d'embrayage	1	232.500,00	232 500
PIECE_DET_0525	Arret d'huile volant moteur	1	16.875,00	16 875

MONTANT TOTAL HT	249.375
TVA/Taxes : 15,25%	43 005
NET A PAYER	297 380

Arrête le présent Bon de Commande à la somme de (Montant en lettr

Deux cent quatre-vingt dix-sept mille trois cent quatre-vingt

Cond. de paiement :
- Facture à déposer en trois copies originales

90 jours FDM Four

Commande créée P: TAGHE

La Direction

VISA N° HOLDING

DIRECTION GENERALE B.P.: 3191 Douala - Tél.: (237) 33 00 18 28 / 33 00 36 50 - AIR SERVICE DOUALA Tél.: (237) 33 43 93 66 - Fax: (237) 33 43 93 85
AGENCE DE YAOUNDE Tél.: (237) 22 30 37 00 - AIR SERVICE YAOUNDE Tél.: (237) 22 08 16 24 AGENCE DE NGAOUDERE Tél.: (237) 33 07 79 69
TRANSIMEX CENTRAFRIQUE SAU B.P.: 2334 Bangui - Tél.: (236) 21 61 56 66 - TRANSIMEX CONGO B.P.: 1795 Pointe Noire - Tél.: 00242 222 940 882 - Fax 00242 222 940 881
TRANSIMEX TCHAD B.P.: 674 N'djamena - Tél.: (235) 22 52 52 84 - TCHAD CARGO EXPRESS Tél.: (235) 66 43 62 83
TRANSIMEX CHINA Post Code : 200040 - N° 580 West Nan-Jing Road-Jin An District, Shanghai - Tél.: 0086 2152126025 - Fax : 0086 2152126803
E-mail : info@transimexcm-com   www.transimex-cm.com

Protocole d'Entretien

PROTOCOLE D'ENTRETIEN (ANNEXE)

Dans le cadre de notre formation à l'institut PIGIER, les étudiants du cycle licence sont amenés à rédiger un mémoire professionnel au sein d'une entreprise .C'est dans ce cadre que nous menons un entretien portant sur l'analyse de la procédure d approvisionnement

Nous vous assurons que les informations qui seront recueillies seront marquées du sceau de la confidentialité.

I- INFORMATIONS GENERALES
- Département
- Service
- Age 30-35 36-40
- Formation :
 Etudes secondaires Etudes universitaires Diplôme en Transport, Logistique

II- CAUSE DES RETARDS
1- TRANSIMEX accuse-t-elle souvent des retards de la livraison des marchandises conteneurisées
 Oui Non

2- TRANSIMEX reçoit-elle des lettres d'observations de la part des clients mécontents
 OUI NON
3- TRANSIMEX paye-t-elle des dommages sur ces retards OUI NON
4- Selon vous quelles peuvent être les causes de ces retards ?

III- LES SOLUTIONS
1- Les retards actuels sont-ils solubles ?
2- Quelles peuvent être les mesures à court, moyen et long terme pour résoudre ces problèmes de retards dans les livraisons ?

Sommaire